AF266519

OBSERVATIONS

ULTÉRIEURES

De Keidel (de Bremen), Citoyen Anséatique,

Sur la résolution du 4 Nivose an 7,
concernant les prises maritimes.

OBSERVATIONS
ULTÉRIEURES

De KEIDEL (de Bremen), Citoyen Anséatique,

Sur la résolution du 4 Nivose an 7,
concernant les prises maritimes.

APRÈS avoir suivi la discussion qui s'est ouverte au Conseil des Anciens, sur la résolution du 4 nivose dernier, relative aux prises maritimes, je me suis apperçu qu'il étoit possible de réduire à trois propositions, tout ce qui a été dit en faveur de l'admission.

1°. La loi du 29 nivose an 6 étant une loi de guerre, elle a dû être exécutée, à compter du jour que le gouvernement en a ordonné la promulgation.

2°. Quand il seroit vrai, qu'il auroit dû y avoir un délai et des distinctions, le Corps Législatif ne pourroit pas donner sur ce point une interprétation favorable, afin de ne pas ravir aux Armateurs les droits résultans des prises faites sur la foi de la loi.

3°. Il faudroit les indemniser, si cette considération n'arrêtoit pas, et qu'il fut décidé que la loi ne pouvoit pas être exécutoire à l'égard des neutres, avant qu'ils eussent pû la connoître.

Je vais reprendre ces trois objections et examiner si elles ont ce caractère de vérité qui peut seul entraîner la décision du Conseil.

Le droit de la guerre, dit l'un des plus célèbres publicistes, (1) *dérive de la nécessité* et du *juste rigide*.

Ainsi, tout acte qui précède les hostilités ou tout ce qui a lieu pendant leur durée, ne peut pas être avoué par une nation policée, s'il n'est indispensablement commandé par les circonstances, et s'il n'a pas les couleurs de la justice.

Delà, comme d'une source commune, découlent les maximes qui ont été recueillies par le droit des gens, et qui composent ce qu'on appelle les loix de la guerre.

Parmi ces maximes, il en est une d'autant plus respectable qu'elle a été respectée par les peuples de l'antiquité, et qu'elle est dictée par les ménagemens dûs à l'humanité ; c'est celle qui veut qu'une nation qui a contre une autre un juste sujet de plainte, lui annonce qu'elle va employer la force ouverte, pour la mettre à la raison.

______

(1) Montesquieu, de l'Esprit des loix, liv. 10. chap. 2.

(3)

C'est, dit Vattel, ce qu'on appelle *déclarer la guerre*, et ce qui étoit reglé chez les romains par leur *droit fécial*.

Outre les motifs qui viennent d'être indiqués, la publication de la guerre doit encore avoir lieu pour l'iustruction et la direction des membres des deux états, afin de fixer l'époque des droits qui leur appartiennent, dès le moment de cette déclaration, et relativement à certains effets qui sont attribués par le droit des gens à la guerre déclarée en forme.

Il n'est donc pas bien exact de dire qu'une loi de guerre doit être exécutée aussi-tôt qu'elle est rendue, puisque vis-à-vis des puissances belligérantes, il doit toujours y avoir un intervalle, entre la résolution de la guerre et le commencement des hostilités.

Si ce délai est nécessaire, même à l'égard de ceux pour lesquels on n'a plus de ménagement à garder, ne doit-il pas être religieusement observé, quand il s'agit d'une mesure qui, par une fausse application peut atteindre ceux avec qui il subsiste des rapports d'intérêt et d'amitié? et comment ne pas reconnoître que, si les conjonctures ne permettent pas de donner à ceux-ci une notification officielle du parti que l'on a cru devoir prendre, il faut du moins leur laisser le tems suffisant d'en être instruits, afin qu'ils aient celui de prendre des précautions propres à les en garantir ?

Toutefois, s'il est prouvé que la loi du 29 nivose a manqué le but qu'elle vouloit atteindre, s'il est établi par les faits et par des calculs irrécusables que loin d'avoir détruit le commerce des ennemis de la république française, elle lui a donné un nouvel acroissement, et que les alliés et les neutres ont été les seules victimes d'une disposition qui ne devoit pas les regarder, ne sera-t-on pas fondé à avancer qu'on ne doit pas même classer la loi du 29 nivose parmi les loix de la guerre ?

En effet, n'est-ce point s'écarter des idées reçues, que de placer dans le droit de la guerre, les peuples neutres, au même rang que les ennemis ?

Or, tel est le résultat de la loi du 29 nivose.

Au moyen de l'exécution subite qu'on a cru devoir lui donner, les Armateurs français se sont emparés des bâtimens Espagnols, Bataves, Hambourgeois, Brémois, Danois, Suédois, en faisant prévaloir contr'eux une loi que ceux-ci ne connoissoient pas, tandis

qu'ils naviguoient tous sous l'autorité des rè-
glemens existans, et que quelques-uns, tels
que les Anséatiques, avoient pour eux des
traités solemnels qui les mettoient à l'abri de
l'invasion à laquelle ils ont été exposé.

Comment donc entendre s'étayer de repré-
sailles et des loix de la guerre, quand il s'agit
d'une disposition qui ne doit frapper que sur
ceux avec qui on n'est pas en état d'hostilité?

Le droit des nations dans la guerre, com-
prend ce qu'on est en droit de faire et ce
qui est licite contre la personne et les pro-
priétés de l'ennemi : s'il y est question de la
neutralité, c'est pour la respecter, à condi-
tion qu'elle reposera sur les bases qui la cons-
tituent. Celles-ci, comme chacun sait, con-
sistent à interdire au peuple neutre, le trans-
port des marchandises de contrebande chez
l'ennemi ; ce cas excepté, leur commerce
doit être libre avec les puissances belligérantes.

Entreprendre d'en interrompre le cours,
c'est faire aux nations neutres une injure
gratuite.

Si les annales de l'Europe nous apprennent
que dans quelques circonstances ce principe
a été un instant oublié, elles attestent aussi

que l'on s'est empressé de lui rendre toute son efficacité.

En 1689 , l'Angleterre et les Provinces-Unies étant convenus par le traité de Wittehal de notifier à tous les états qui n'étoient pas en guerre avec la France , qu'elles attaqueroient et qu'elle déclaroient d'avance de bonne prise tout vaisseau destiné pour un des ports français ou qui en sortiroient ; la Suède et le Dannemarck sur qui l'on avoit fait quelque prise , se liguèrent le 17 mars 1693 , pour soutenir leurs droits , et se procurer une juste satisfaction ; les deux puissances maritimes ne tardèrent point à reconnoître que les plaintes de ces gouvernemens du nord étoient fondées , et s'empressèrent de leur rendre justice.

On voit dans Grotius d'autres exemples d'une réparation prompte , à l'oubli momentané des droits de la neutralité.

Que conclure de ces témoignages , si ce n'est que lors même que les prérogatives de la neutralité ont été méconnues , l'on a toujours eu soin de donner aux neutres un avertissement préalable , et que d'un autre côté , les loix de la guerre ayant précisé les avantages attachés à la neutralité , il n'est pas possible de considérer une mesure qui tend à lés détruire, comme appartenant à ces mêmes loix.

C'est donc par une véritable pétition de principes qu'on avance que la loi du 29 nivose est une loi de guerre ; il est évident au contraire, que cette qualification ne sauroit lui convenir.

En second lieu, pour pouvoir alléguer avec quelque apparence de raison, que le Corps législatif n'est plus maître du passé, et qu'il ne lui est pas loisible par une interprétation d'enlever aux Corsaires les prises qu'ils ont fait sur la foi de la loi, il faudroit que la loi du 29 nivose contint une disposition positive qui l'eut rendue exécutoire du jour de son insertion au bulletin.

Alors on aurait pu dire pour les Armateurs, qu'ayant eu droit de compter sur l'expression de la volonté législative, ils ont fait des frais d'armement accéléré, auxquelles ils ne se seroient pas exposés s'ils avoient dû s'attendre à un changement notable dans cette même volonté.

Peut-il en être ainsi, lorsque la loi du 29 nivose ne contient aucune clause dérogatoire au droit commun, et qu'elle ne doit devenir rétroactive que par l'explication qu'on se propose de lui faire donner ?

Je ne le pense pas, et j'estime que la pré-
somption de droit est contre les corsaires,
attendu qu'une dérogation aux règles établies
ne peut pas être sous entendue, et qu'au lieu
d'expliquer à leur guise, le silence de la loi,
les Armateurs devoient supposer qu'elle n'i-
novoit point, et que l'exécutiou des dispo-
sitions qu'elle contenoit, ne pouvoit pas
commencer sur les mers, du jour de l'insertion au bulletin.

Est-ce d'ailleurs sérieusement qu'on vou-
droit faire entendre que la loi du 29 nivose
a été pour les corsaires l'occasion d'une grande
dépense ?

Ne diroit-on pas que les armemens n'ont
commencé qu'à compter de la promulgation
de cette loi, et qu'auparavant la course n'é-
toit point pratiquée par les Français ?

Quoiqu'il en soit, pour pouvoir contester
au Corps Législatif, le droit de donner l'explication que l'équité sollicite, il faudroit
que cette explication pût enlever des droits
acquis.

Or, peut-on donner ce nom à des juge-
mens, où l'on a mis en fait ce qui étoit en
question, et où les tribunaux subs ituant
leur volonté à la disposition de la loi, n'ont
pas craint de donner à celle du 29 nivose,

un effet rétroactif qu'elle n'a point, et que la constitution du peuple français ne lui permet pas d'avoir ?

Pour répondre à ces assertions, par des raisonnemens et par des faits, il suffit de rappeller que tout ce qui n'est pas équitable ne confère jamais aucun droit; que même en tems de guerre, les membres d'un état, les sujets d'une puissance, n'acquièrent la propriété des biens ou effets appartenans à l'ennemi, qu'en vertu d'actes faits sous l'autorité de ces conventions tacites qui forment le droit des gens, et que c'est en conformité de cette maxime, que dans le traité de 1748, signé à Aix-la-Chapelle entre la France et l'Espagne d'un côté, et l'Angleterre de l'autre, on convint que toutes les prises faites avant la déclaration de guerre, seroient restituées.

Les historiens du tems ne disent pas que chaque puissance ait respectivement dédommagé ses armateurs de la perte que cette restitution leur avoit fait éprouver ; ce n'est pas vraisemblablement qu'elles n'eussent reçu à ce sujet des réclamations ; mais sans doute que l'on reconnût qu'elles étoient dénuées de justice, puisqu'elles n'étoient pas fondées sur un droit légitime.

Cette observation répond à la troisième pro-

position annoncée à l'appui de la résolution ;
proposition qui ne sauroit faire aucune im-
pression sur des hommes exercés aux affaires,
et qui n'ignorent pas que l'esprit d'intérêt,
fertile en ressonrces, multiplie les moyens,
et suggère toutes sortes d'idées, afin de par-
venir au but qu'il se propose d'atteindre.

Paris, ce 29 *pluviose an*

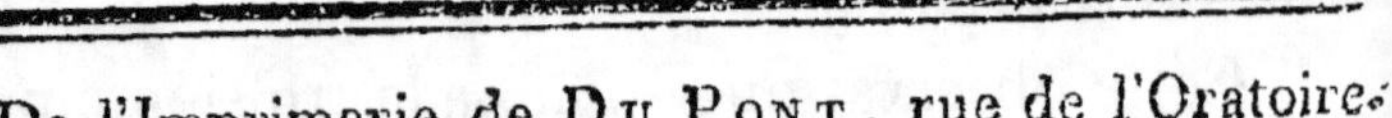

De l'Imprimerie de Du Pont, rue de l'Oratoire.

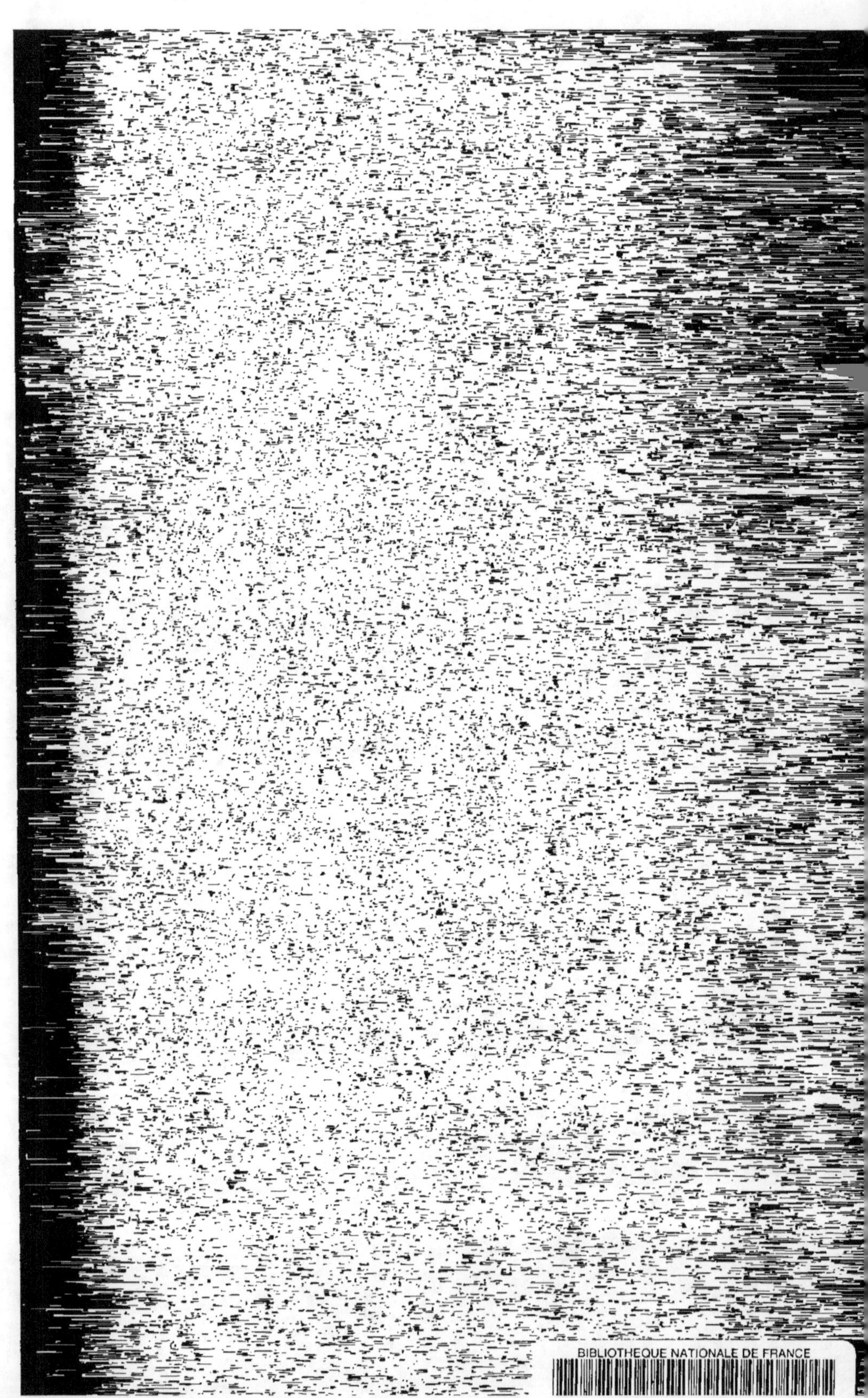

www.ingramcontent.com/pod-product-compliance
Lightning Source LLC
Chambersburg PA
CBHW071644030726
47598CB00005B/2000